The Woman in Red And Other Bilingual Norwegian-English Stories for Norwegian Language Learners

Pomme Bilingual

Published by Pomme Bilingual, 2024.

While every precaution has been taken in the preparation of this book, the publisher assumes no responsibility for errors or omissions, or for damages resulting from the use of the information contained herein.

THE WOMAN IN RED AND OTHER BILINGUAL NORWEGIAN-ENGLISH STORIES FOR NORWEGIAN LANGUAGE LEARNERS

First edition. December 23, 2024.

Copyright © 2024 Pomme Bilingual.

ISBN: 979-8227496928

Written by Pomme Bilingual.

Table of Contents

Sommerhuset i Telemark

Liv Dahl sto på tunet foran sommerhuset hun nettopp hadde arvet. Det gamle, rødmalt huset lå stille ved kanten av en tåkefylt innsjø, omgitt av mørke grantrær som strakte seg mot himmelen. Det var første gang hun hadde sett stedet som hennes avdøde ektemann, Sigurd, alltid hadde kalt *fredelig*. Men nå, i den kjølige lufta, føltes det mer som noe annet – som om skogen og tåken holdt pusten.

Sigurd hadde dødd plutselig, bare tre måneder tidligere, i det som politiet hadde kalt en ulykke. Liv hadde akseptert forklaringen, men nå, i denne avsidesliggende delen av Telemark, begynte hun å tvile. Sigurd hadde aldri nevnt sommerhuset i detalj, og testamentet hans hadde ikke inneholdt mye mer enn en vag beskrivelse av stedet.

Da Liv låste opp den gamle døren og gikk inn, ble hun møtt av en lukt av støv og fuktighet. Stuen var fylt med tunge, gamle møbler, og en steinpeis sto mørk og kald på den ene veggen. Et portrett av en alvorlig mann i dress hang over peisen. Hun visste ikke hvem det var, men øynene hans virket som om de fulgte henne.

Neste morgen, mens hun utforsket huset, fant Liv en liten boks i et skap på soverommet. Inni lå en bunke brev, pent bundet med et gammelt silkebånd. Brevene var adressert til Sigurd, men avsenderen var anonym. Hun åpnet det øverste brevet.

"Sigurd,

Du vet hva som står på spill. Hvis sannheten kommer ut, er vi begge ferdige. Hold deg unna. – En venn."

Livs hender skalv. Hvem hadde skrevet dette? Og hva kunne Sigurd ha holdt skjult? Brevene var datert flere år tilbake, men de hintet til en hemmelighet som fortsatt virket levende – og farlig.

Samme kveld våknet hun brått av en lyd. Det var som om noen beveget seg i stuen. Hun listet seg ned trappen og så en skygge i det svake måneskinnet. Hjertet hennes banket raskt. Men da hun nådde stuen, var den tom. Kun portrettet på veggen stirret tilbake, som om det visste noe hun ikke visste.

Over de neste dagene begynte Liv å legge merke til små detaljer hun ikke kunne ignorere: En låst dør i kjelleren som hun ikke hadde nøkkel til, fotspor i den fuktige jorden utenfor huset, og en telefon som ringte, men ingen svarte da hun tok opp røret.

Til slutt bestemte hun seg for å lete rundt eiendommen. Bak huset fant hun en smal sti som førte ned mot innsjøen. Der, gjemt mellom trærne, lå en gammel trebåt. Under presenningen i båten fant hun en metallboks.

Hun åpnet boksen og fant dokumenter og flere brev. Denne gangen var de signert: *"E.H."* Ett av dokumentene var en kontrakt mellom Sigurd og en fremmed som nevnte store summer penger – og et fabrikkprosjekt.

Da Liv dro tilbake til huset, ventet en ukjent mann på trappen. Han introduserte seg som Erik Hagen, en tidligere forretningspartner av Sigurd. "Jeg antar du har funnet papirene," sa han uten omsvøp. "Sigurd og jeg... Vi var involvert i noe som gikk galt. Og hvis du har funnet dokumentene, er du også i fare."

Livs instinkter fortalte henne at hun ikke kunne stole på Erik. Hun skjønte at Sigurd hadde vært dypt involvert i noe ulovlig, kanskje dødelig, men hun nektet å la seg true til taushet. Hun konfronterte Erik med dokumentene og krevde å vite sannheten.

Erik ble taus et øyeblikk før han sa: "Hvis du offentliggjør dette, vil det ikke bare ødelegge min fremtid, men også Sigurds ettermæle. Vil du virkelig det?"

Liv forsto at hun sto overfor et valg: Beholde hemmelighetene og leve i usikkerhet, eller avsløre dem og kanskje sette sitt eget liv i fare. Etter flere søvnløse netter, bestemte hun seg. Hun leverte dokumentene til politiet.

Noen dager senere mottok hun en anonym melding: *"Du burde ikke ha gjort det."*

Men i stedet for å være redd, følte hun en merkelig lettelse. Kanskje hun aldri ville vite hele sannheten, men hun hadde avsluttet noe som hadde vært en byrde – både for Sigurd og nå for henne selv.

I tåken ved innsjøen sto sommerhuset igjen stille. Men denne gangen føltes det som om skogen pustet ut, som om hemmelighetene ikke lenger var en del av stedet. Liv lukket døren bak seg, for siste gang.

The Summer House in Telemark

Liv Dahl stood in the yard in front of the summer house she had just inherited. The old, red-painted house stood quietly at the edge of a fog-filled lake, surrounded by dark spruce trees that stretched toward the sky. It was the first time she had seen the place her late husband, Sigurd, had always called *peaceful*. But now, in the cool air, it felt like something else—like the forest and the fog were holding their breath.

Sigurd had died suddenly, just three months earlier, in what the police had called an accident. Liv had accepted the explanation, but now, in this remote part of Telemark, she began to doubt. Sigurd had never mentioned the summer house in detail, and his will contained little more than a vague description of the place.

When Liv unlocked the old door and stepped inside, she was met with the smell of dust and dampness. The living room was filled with heavy, old furniture, and a stone fireplace stood dark and cold against one wall. A portrait of a serious man in a suit hung over the fireplace. She didn't know who it was, but his eyes seemed to follow her.

The next morning, while exploring the house, Liv found a small box in a cupboard in the bedroom. Inside was a pile of letters, neatly tied with an old silk ribbon. The letters were addressed to Sigurd, but the sender was anonymous. She opened the top letter.

"Sigurd,

You know what's at stake. If the truth comes out, we're both finished. Stay away. – A friend."

Liv's hands trembled. Who had written this? And what could Sigurd have been hiding? The letters were dated several years back, but they hinted at a secret that still seemed alive—and dangerous.

That evening, she woke suddenly to a sound. It was as if someone was moving in the living room. She crept downstairs and saw a shadow in the faint moonlight. Her heart raced. But when she reached the living room, it was empty. Only the portrait on the wall stared back, as if it knew something she didn't.

Over the next few days, Liv began to notice small details she couldn't ignore: A locked door in the basement that she didn't have the key to, footprints in the damp earth outside the house, and a phone that rang, but no one answered when she picked up the receiver.

Finally, she decided to search the property. Behind the house, she found a narrow path leading down toward the lake. There, hidden among the trees, was an old wooden boat. Under the tarp in the boat, she found a metal box.

She opened the box and found documents and more letters. This time, they were signed: *"E.H."* One of the documents was a contract between Sigurd and a stranger that mentioned large sums of money—and a factory project.

When Liv returned to the house, an unfamiliar man was waiting on the steps. He introduced himself as Erik Hagen, a former business partner of Sigurd. "I suppose you've found the papers," he said bluntly. "Sigurd and I... We were involved in something that went wrong. And if you've found the documents, you're in danger too."

Liv's instincts told her not to trust Erik. She realized that Sigurd had been deeply involved in something illegal, maybe even deadly, but she refused to be intimidated into silence. She confronted Erik with the documents and demanded to know the truth.

Erik was silent for a moment before saying, "If you make this public, it won't just ruin my future, but also Sigurd's legacy. Do you really want that?"

Liv understood that she was faced with a choice: Keep the secrets and live in uncertainty, or reveal them and possibly put her own life in danger. After several sleepless nights, she made her decision. She handed the documents over to the police.

A few days later, she received an anonymous message: *"You shouldn't have done that."*

But instead of being afraid, she felt a strange sense of relief. Perhaps she would never know the whole truth, but she had put an end to something that had been a burden—both for Sigurd and now for herself.

In the fog by the lake, the summer house stood still again. But this time, it felt as though the forest had exhaled, as if the secrets were no longer part of the place. Liv closed the door behind her, for the last time.

Mord på Stortorvet

Oslo lå badet i grått novemberlys. Regnet sildret ned langs vinduene i de høyreiste kontorbyggene som rammet inn Stortorvet, byens gamle, travle torg. Journalisten Anders Lunde sto utenfor politisperringene foran et moderne glassbygg. I øverste etasje lå kontoret til Axel Hovland, administrerende direktør i tech-giganten NordData – nå åstedet for et brutalt mord.

Politiet hadde bekreftet at Hovland var funnet død tidligere samme morgen, slått i hjel med en ukjent gjenstand. De hadde vært sparsommelige med detaljer, men Anders hadde fått et tips om at dette ikke var et vanlig drap. En kilde i politiet hadde hintet om noe større – om forbindelser som strakte seg langt inn i både tech-verdenen og politikken.

Anders var en erfaren gravejournalist, kjent for sin stahet og evne til å finne historier der andre bare så overflater. Han begynte med å kontakte folk som kjente Hovland, inkludert ansatte i NordData. Det tok ikke lang tid før han fikk tak i Mia Larsen, en tidligere programmerer i selskapet, som hadde sluttet under uklare omstendigheter.

De møttes på en kafé i nærheten av Youngstorget. Mia så seg konstant over skulderen før hun snakket. "Hovland var ikke bare en sjef," sa hun lavt. "Han var en manipulator. Det er noe med NordData – noe de ikke vil at folk skal vite. Jeg tror han visste for mye, og det kostet ham livet."

Hun nevnte også et navn: *BlackNode*, en beryktet hackergruppe kjent for å infiltrere store selskaper og true med å lekke sensitiv informasjon. Anders hadde hørt rykter om dem før, men aldri fått bekreftet deres eksistens.

Tilbake på redaksjonen i avisen begynte Anders å grave dypere. Han brukte timer på å gjennomgå dokumenter, intervjuer og informasjon lekket på mørke nettfora. Det var noe som ikke stemte. Flere av NordDatas kontrakter var signert med mystiske offshore-selskaper, og Anders fant en rekke overføringer til politikere i regjeringspartiet.

På en lang natt med research oppdaget han en ukryptert fil på en server tilhørende NordData. Filen inneholdt detaljer om et hemmelig program kalt *Skjoldet*. Det var et overvåkningsverktøy utviklet for å samle inn data om privatpersoner, i strid med alle lover om personvern. Hvis dette ble offentlig kjent, ville det ødelegge både NordData og flere høytstående politikere.

Etter hvert som Anders gravde, merket han at han ble overvåket. Telefonen hans sluttet plutselig å fungere, og en anonym e-post advarte ham: *"Hold deg unna, Lunde. Du vet ikke hva du har rotet deg opp i."*

Han ble stadig mer paranoid, men i stedet for å stoppe, presset han videre. Han kontaktet Mia igjen, som avslørte at hun hadde kopier av e-poster som knyttet Axel Hovland direkte til BlackNode. De avtalte å møtes, men Mia dukket aldri opp. Neste dag ble det rapportert at hun hadde forsvunnet.

Etter Mias forsvinning tok Anders kontakt med en annen kilde, en anonym hacker som gikk under kodenavnet *Shade*. Shade bekreftet at BlackNode hadde samarbeidet med Hovland – først for å beskytte NordDatas hemmeligheter, deretter for å presse ham da han prøvde å bryte ut.

Shade avslørte også at *Skjoldet* var utviklet på bestilling fra flere topp-politikere, som hadde mottatt bestikkelser for å muliggjøre prosjektet. "Hvis du publiserer dette, vil det ikke bare bli en skandale," sa Shade. "Det kan føre til at folk forsvinner – slik som Mia."

Til tross for farene bestemte Anders seg for å gå offentlig. Han skrev en eksplosiv artikkel som avslørte hele nettverket: BlackNode, NordDatas ulovlige aktiviteter, og forbindelsene til norske politikere. Artikkelen førte til nasjonale overskrifter og et krav om gransking.

Men Anders visste at dette ikke var slutten. En uke etter at artikkelen ble publisert, fant han en lapp på frontruten av bilen sin: *"Du har vunnet denne runden, men dette er ikke over."*

Med Oslo i bakgrunnen, badet i vintermørket, tenkte Anders på Mia, Hovland, og alle de andre som hadde blitt ofre i et skittent spill. Han visste at sannheten hadde sin pris, men han var klar til å betale den.

Murder at Stortorvet

O slo lay bathed in gray November light. The rain trickled down the windows of the towering office buildings surrounding Stortorvet, the city's old, busy square. Journalist Anders Lunde stood outside the police barriers in front of a modern glass building. On the top floor was the office of Axel Hovland, CEO of the tech giant NordData – now the scene of a brutal murder.

The police had confirmed that Hovland had been found dead earlier that morning, bludgeoned with an unknown object. They were sparing with details, but Anders had received a tip-off that this was no ordinary murder. A source within the police had hinted at something larger – connections that reached deep into both the tech world and politics.

Anders was an experienced investigative journalist, known for his stubbornness and ability to uncover stories where others only saw the surface. He began by reaching out to people who knew Hovland, including employees at NordData. It didn't take long before he managed to contact Mia Larsen, a former programmer at the company who had left under unclear circumstances.

They met at a café near Youngstorget. Mia kept glancing over her shoulder before speaking. "Hovland wasn't just a boss," she said quietly. "He was a manipulator. There's something about NordData – something they don't want people to know. I think he knew too much, and it cost him his life."

She also mentioned a name: *BlackNode*, a notorious hacker group known for infiltrating large companies and threatening to leak sensitive information. Anders had heard rumors about them before, but he had never confirmed their existence.

Back at the newsroom, Anders began digging deeper. He spent hours going through documents, interviews, and information leaked on dark web forums. Something didn't add up. Several of NordData's contracts were signed with mysterious offshore companies, and Anders found a series of transfers to politicians in the ruling party.

On a long night of research, he discovered an unencrypted file on a server belonging to NordData. The file contained details of a secret program called *Shield*. It was a surveillance tool designed to gather data on private individuals, in violation of all privacy laws. If this became public, it would destroy both NordData and several high-ranking politicians.

As Anders dug deeper, he began to notice that he was being watched. His phone suddenly stopped working, and an anonymous email warned him: *"Stay away, Lunde. You don't know what you've gotten yourself into."*

He became increasingly paranoid, but instead of stopping, he pressed on. He contacted Mia again, who revealed that she had copies of emails linking Axel Hovland directly to BlackNode. They arranged to meet, but Mia never showed up. The next day, it was reported that she had gone missing.

After Mia's disappearance, Anders contacted another source, an anonymous hacker who went by the codename *Shade*. Shade

confirmed that BlackNode had collaborated with Hovland –
first to protect NordData's secrets, then to blackmail him when
he tried to break free.

Shade also revealed that *Shield* had been developed at the
request of several top politicians, who had received bribes to
facilitate the project. "If you publish this, it won't just be a
scandal," Shade said. "It could make people disappear – just like
Mia."

Despite the dangers, Anders decided to go public. He wrote
an explosive article exposing the entire network: BlackNode,
NordData's illegal activities, and the connections to Norwegian
politicians. The article made national headlines and sparked calls
for an investigation.

But Anders knew this wasn't the end. A week after the article was
published, he found a note on his car's windshield: *"You've won
this round, but this is not over."*

With Oslo in the background, bathed in the winter darkness,
Anders thought about Mia, Hovland, and all the others who had
become victims in this dirty game. He knew the truth had its
price, but he was ready to pay it.

Rosenes Hemmelighet

Rosendal lå badet i et mykt skinn fra vårsolen. Fjorden glitret som sølv, og de bratte fjellsidene rundt landsbyen var dekket av villblomster og spirende bjørketrær. Det var en perfekt dag for et bryllup, og landsbyen hadde samlet seg utenfor kirken for å feire Sigrid Vik og Henrik Brekke, to av Rosendals mest fremstående innbyggere.

Men idyllen ble raskt knust da bruden, Sigrid, forsvant sporløst før vielsen. På alteret sto Henrik, forvirret og desperat, mens hviskende stemmer begynte å bre seg blant de oppmøtte. Det var ikke bare en bortkommen brud. Dette var starten på en sak som ville avdekke Rosendals mørkeste hemmeligheter.

Vibeke Solberg, den lokale politietterforskeren, ble raskt tilkalt. Vibeke var kjent for sin skarpe intuisjon og evne til å finne sammenhenger der andre bare så tilfeldigheter. Hun visste at i små landsbyer som Rosendal, var ingen hemmelighet helt trygg.

Hun begynte med å avhøre familien. Sigrids foreldre, Astrid og Leif Vik, var sønderknuste, men Astrid var bemerkelsesverdig stille. Henrik Brekke var fortvilet, men også unnvikende da Vibeke spurte ham om forholdet deres. "Vi hadde våre uenigheter, som alle par," sa han, men unngikk øyekontakt.

Vibeke bemerket også noe annet: en spesiell rosenbusk ved kirken, tung av blodrøde blomster, som flere av de eldre innbyggerne virket å stirre på med en blanding av frykt og sorg.

Under sine undersøkelser oppdaget Vibeke at det lenge hadde vært rivalisering mellom familiene Vik og Brekke. Historien gikk tilbake flere generasjoner, til en tragisk kjærlighetshistorie som endte i døden for en ung kvinne fra Vik-familien.

Rivaliseringen hadde blitt dempet med årene, men den lå fortsatt som en skygge over landsbyen. Da Vibeke lette gjennom Sigrids personlige eiendeler, fant hun et brev gjemt i nattbordet hennes. Brevet var skrevet i en hastig hånd og inneholdt kun én setning:

"Rosenbusken skjuler sannheten."

Vibeke returnerte til kirken og den mystiske rosenbusken. Hun gravde forsiktig rundt roten og oppdaget en liten metallkasse. Inni lå gamle brev og et falmet fotografi av to unge kvinner som holdt hverandre i hånden. På baksiden sto det: *"Anna og Elise, 1952."*

Brevet som fulgte forklarte alt: Anna Vik og Elise Brekke, som hadde vært dypt forelsket, ble tvunget fra hverandre av familiene sine. Elise hadde endt sitt eget liv ved fjorden, og Anna hadde plantet rosenbusken til minne om henne. Siden den gang hadde busken blitt et symbol på både sorg og rivalisering mellom familiene.

Vibeke konfronterte Astrid Vik, som til slutt innrømmet sannheten. Hun hadde visst om rivaliseringen og fryktet at historien skulle gjenta seg. Da hun hadde funnet ut at Sigrid planla å avlyse bryllupet, fordi hun hadde oppdaget Henriks affære med en annen kvinne, hadde Astrid hjulpet datteren å rømme for å unngå skandalen.

Sigrid ble funnet i en liten hytte ved fjorden, i sikkerhet men opprørt. Hun forklarte alt: "Jeg kunne ikke gifte meg med Henrik, ikke etter det jeg fant ut. Men jeg visste ikke hvordan jeg skulle fortelle det til noen."

Med saken oppklart, sto Vibeke ved fjorden og så utover vannet. Rosendal hadde nok en gang bevist at selv de mest idylliske steder kunne skjule mørke hemmeligheter. Rivaliseringen mellom familiene Vik og Brekke var kanskje ikke helt over, men Vibeke håpet at sannheten om Anna og Elise ville bringe en slags fred.

Rosene ved kirken fortsatte å blomstre, en påminnelse om kjærlighetens kraft og tragediens arv.

The Secret of the Roses

Rosendal lay bathed in the soft glow of the spring sun. The fjord sparkled like silver, and the steep mountainsides surrounding the village were covered with wildflowers and budding birch trees. It was a perfect day for a wedding, and the village had gathered outside the church to celebrate Sigrid Vik and Henrik Brekke, two of Rosendal's most prominent residents.

But the idyll was quickly shattered when the bride, Sigrid, vanished without a trace before the ceremony. At the altar stood Henrik, confused and desperate, while whispering voices began to spread among the gathered guests. This wasn't just a missing bride. This was the start of a case that would uncover Rosendal's darkest secrets.

Vibeke Solberg, the local police investigator, was quickly called in. Vibeke was known for her sharp intuition and ability to see connections where others saw only coincidences. She knew that in small villages like Rosendal, no secret was ever completely safe.

She began by questioning the family. Sigrid's parents, Astrid and Leif Vik, were devastated, but Astrid remained notably quiet. Henrik Brekke was distraught, but also evasive when Vibeke asked him about their relationship. "We had our disagreements, like all couples," he said, avoiding eye contact.

Vibeke also noticed something else: a special rose bush by the church, heavy with blood-red flowers, that many of the older villagers seemed to stare at with a mix of fear and sorrow.

During her investigation, Vibeke discovered that there had long been a rivalry between the Vik and Brekke families. The history went back several generations, to a tragic love story that ended in the death of a young woman from the Vik family.

The rivalry had been subdued over the years, but it still cast a shadow over the village. When Vibeke searched through Sigrid's personal belongings, she found a letter hidden in her nightstand. The letter was written in a hurried hand and contained only one sentence:

"The rose bush hides the truth."

Vibeke returned to the church and the mysterious rose bush. She carefully dug around the roots and discovered a small metal box. Inside, there were old letters and a faded photograph of two young women holding hands. On the back, it read: *"Anna and Elise, 1952."*

The accompanying letter explained everything: Anna Vik and Elise Brekke, who had been deeply in love, were forced apart by their families. Elise had ended her own life by the fjord, and Anna had planted the rose bush in her memory. Since then, the bush had become a symbol of both grief and rivalry between the families.

Vibeke confronted Astrid Vik, who finally admitted the truth. She had known about the rivalry and feared that history would repeat itself. When she found out that Sigrid planned to cancel the wedding because she had discovered Henrik's affair with another woman, Astrid had helped her daughter flee to avoid the scandal.

Sigrid was found in a small cabin by the fjord, safe but upset. She explained everything: "I couldn't marry Henrik, not after what I found out. But I didn't know how to tell anyone."

With the case solved, Vibeke stood by the fjord and looked out over the water. Rosendal had once again proven that even the most idyllic places could hide dark secrets. The rivalry between the Vik and Brekke families might not be entirely over, but Vibeke hoped that the truth about Anna and Elise would bring some form of peace.

The roses by the church continued to bloom, a reminder of the power of love and the legacy of tragedy.

Skyggen på Vågen

Regnet lå som et tungt slør over Bergen denne morgenen. Skyene hang lavt over de bratte fjellsidene, og Vågen, byens travle havnebasseng, var dekket av en grå dis. Inspector Harald Vinge sto på bryggen og stirret på vannet der en ung manns kropp nettopp var blitt trukket opp.

"En ulykke, kanskje," mumlet den lokale politimannen. Men Harald Vinge, kjent for sin intuitive forståelse av menneskesinnet, hadde allerede begynt å tvile. Noe med scenen stemte ikke. Den døde, identifisert som Bjørn Eide, en sjømann i trettiårene, lå ubevegelig med et uttrykk av frykt frosset på ansiktet.

Etterforskningen startet i Vågens travle havneområde, hvor små fiskebåter blandet seg med større skip. Harald gikk systematisk gjennom vitneforklaringer, men ingen hadde sett Bjørn falle i vannet. Det eneste konkrete sporet var en lommebok funnet på Bjørn, som inneholdt en krøllete kvittering fra en kafé i nærheten, datert kvelden før.

Harald besøkte kafeen, et røykfylt og mørkt sted kalt *Havneskjenken*. Eieren, en eldre mann med navnet Karsten, husket Bjørn godt. "Han var her i går kveld, ja," sa Karsten. "Drakk alene, men virket rastløs. Så kom en annen mann inn – høy, mørk jakke, hette trukket opp. De snakket lavt sammen før de begge gikk."

Vinge følte en voksende uro. Han undersøkte Bjørns bakgrunn og oppdaget at sjømannen nylig hadde fått sparken fra et fraktskip på grunn av "uklar oppførsel". Videre undersøkelser avslørte at Bjørn hadde vært mistenkt for å være involvert i smugling av varer – fra tobakk til mer verdifulle gjenstander som sjeldne kunstverk.

Tilbake på politistasjonen begynte Harald å legge sammen brikkene. En gjennomgang av havneområdet viste at en container, tilhørende et internasjonalt shippingfirma, nylig hadde forsvunnet sporløst. Firmaet hadde vært under politiets radar for ulovlig import.

Etter hvert som etterforskningen utviklet seg, ble Harald kontaktet av en anonym kilde. Brevet han mottok, skrevet med en urolig hånd, hevdet at Bjørns død ikke var en ulykke – men en henrettelse. Kilden hevdet videre at en mann ved navn Lars Henningsen, en kjent lokal skipsmegler, var involvert i smuglingens nettverk.

Harald oppsøkte Lars, som bodde i et luksuriøst hus i åsene over byen. Lars var selvsikker og avviste alle beskyldninger med et smil. "Jeg er en forretningsmann, ikke en kriminell," sa han, men Harald la merke til små tegn på uro – en svettedråpe på pannen, en nervøs bevegelse med hånden.

Gjennom uker med tålmodig arbeid begynte sannheten å tre frem. Harald fant ut at Bjørn hadde forsøkt å trekke seg ut av smuglernettverket og hadde truet med å avsløre alt. Dette hadde gjort ham til et mål. Smuglerne hadde brukt Vågens mørke og dype vann som en perfekt dekkhistorie for drapet.

Med hjelp fra havnearbeidere og et tips fra en tidligere kollega av Bjørn, klarte Harald å avdekke et skjulested i en forlatt lagerbygning nær havnen. Der fant de en rekke stjålne varer og dokumenter som knyttet Lars Henningsen direkte til nettverket.

På en regntung kveld ble Lars arrestert i sitt hjem. Mens han ble ført bort, nektet han fortsatt skyld, men Harald visste at bevisene var sterke nok til å felle ham.

Tilbake ved Vågen, der regnet igjen hadde begynt å falle, sto Harald og så ut over det mørke vannet. Bergen hadde mange skygger, og ikke alle kunne fjernes. Men denne gangen hadde sannheten kommet frem i lyset – selv om det hadde kostet et liv.

The Shadow on Vågen

The rain hung like a heavy veil over Bergen that morning. The clouds hung low over the steep mountain slopes, and Vågen, the city's bustling harbor basin, was covered in a grey mist. Inspector Harald Vinge stood on the dock, staring at the water where the body of a young man had just been pulled up.

"An accident, perhaps," muttered the local policeman. But Harald Vinge, known for his intuitive understanding of the human mind, had already begun to doubt. Something about the scene didn't feel right. The deceased, identified as Bjørn Eide, a seaman in his thirties, lay motionless with a look of fear frozen on his face.

The investigation began in Vågen's busy harbor area, where small fishing boats mingled with larger ships. Harald systematically went through witness statements, but no one had seen Bjørn fall into the water. The only concrete clue was a wallet found on Bjørn, containing a crumpled receipt from a nearby café, dated the evening before.

Harald visited the café, a smoky and dimly lit place called *Havneskjenken*. The owner, an older man named Karsten, remembered Bjørn well. "He was here last night, yes," said Karsten. "Drank alone, but seemed restless. Then another man came in – tall, dark jacket, hood up. They spoke quietly together before both left."

Vinge felt a growing unease. He investigated Bjørn's background and discovered that the seaman had recently been dismissed from a cargo ship for "unclear behavior." Further inquiries revealed that Bjørn had been suspected of being involved in smuggling – from tobacco to more valuable items such as rare artworks.

Back at the police station, Harald began piecing together the puzzle. A review of the harbor area showed that a container belonging to an international shipping company had recently disappeared without a trace. The company had been under the police radar for illegal imports.

As the investigation developed, Harald was contacted by an anonymous source. The letter he received, written in an uneasy hand, claimed that Bjørn's death was not an accident – but an execution. The source further claimed that a man named Lars Henningsen, a well-known local shipbroker, was involved in the smuggling network.

Harald visited Lars, who lived in a luxurious house in the hills above the city. Lars was confident and dismissed all accusations with a smile. "I'm a businessman, not a criminal," he said, but Harald noticed small signs of nervousness – a bead of sweat on his forehead, a nervous hand movement.

After weeks of patient work, the truth began to emerge. Harald discovered that Bjørn had tried to pull out of the smuggling network and had threatened to expose everything. This had made him a target. The smugglers had used Vågen's dark and deep waters as the perfect cover for the murder.

With help from dockworkers and a tip from a former colleague of Bjørn's, Harald uncovered a hideout in an abandoned warehouse near the harbor. Inside, they found a range of stolen goods and documents linking Lars Henningsen directly to the network.

On a rain-soaked evening, Lars was arrested at his home. As he was taken away, he still denied the charges, but Harald knew the evidence was strong enough to convict him.

Back at Vågen, where the rain had begun to fall again, Harald stood and gazed out over the dark waters. Bergen had many shadows, and not all of them could be removed. But this time, the truth had come to light – even though it had cost a life.

Svindel i Stavanger

Stavanger, en by bygget på olje og rikdom, hadde to sider. På overflaten var det glassfasader, luksusbiler og eksklusive restauranter. Men under denne glinsende overflaten skjulte det seg alltid noe skittent. Kari Eide visste dette bedre enn de fleste. Som privatetterforsker hadde hun sett hvordan penger kunne forvandle folk til både ofre og rovdyr.

Denne morgenen satt hun i sitt beskjedne kontor i sentrum og stirret på en halvfull kaffekopp da døren gikk opp. En høy kvinne i en dyr drakt gikk inn, parfymerte og målrettet.

"Jeg trenger hjelp," sa hun. "Og jeg betaler godt."

Kunden, som presenterte seg som Ingrid Johansen, hevdet å representere et oljeselskap som nylig hadde blitt svindlet for flere millioner kroner av en mann ved navn Jonas Strøm. Han hadde posert som en investeringsrådgiver og fått flere av byens oljeelite til å investere i en falsk boreplattform.

"Vi må få ham fanget før han stikker av med pengene," sa Ingrid. "Vi har hørt rykter om at han fortsatt er i byen."

Kari tok saken. Hun var skeptisk, som alltid, men pengene Ingrid tilbød var umulige å ignorere. Dessuten var det noe ved Ingrid som ikke helt stemte. Kari kunne ikke sette fingeren på det, men hun bestemte seg for å holde øynene åpne.

Kari begynte med å grave i Jonas Strøms bakgrunn. Hun fant ut at han hadde vært involvert i flere lignende svindler tidligere, fra Oslo til Bergen, men han hadde alltid klart å slippe unna med pengene.

Etter noen dager med overvåkning og litt diskret pressing av hennes kontakter i byens underverden, fikk Kari vite at Jonas pleide å møte potensielle "investorer" på en bar i Vågen-området. Kari tok på seg sin beste cocktailkjole og gikk dit en kveld, håpende å finne ham.

Jonas dukket opp – en sjarmerende, velkledd mann i førtiårene. Kari lot som hun var interessert i en investering, og de to delte noen drinker. Jonas var glatt, selvsikker, og farlig overbevisende.

Men samtalen tok en brå vending da Jonas plutselig sa:

"Du er ikke her for å investere, er du? Du jobber for Ingrid."

Kari beholdt roen. "Hva får deg til å tro det?" svarte hun med et skjevt smil.

Jonas lente seg tilbake i stolen og stirret på henne. "Fordi Ingrid ikke er den hun sier hun er. Hvis du visste hva hun egentlig driver med, hadde du ikke vært her."

Tilbake på kontoret begynte Kari å grave i Ingrid Johansens bakgrunn. Hun oppdaget at Ingrid ikke jobbet for noe oljeselskap. Faktisk eksisterte ikke selskapet hun hevdet å representere.

Kari innså at hun var midt i en katt-og-mus-lek mellom to svindlere. Ingrid prøvde å bruke henne til å finne Jonas, men hvorfor? Ville hun ta tilbake pengene? Eller var det noe mer personlig?

Kari konfronterte Ingrid. "Hvem er du egentlig, og hva vil du med Jonas?"

Ingrid smilte kaldt. "Han stjal fra meg. Ikke penger, men noe langt viktigere. Og jeg skal sørge for at han betaler for det."

Kari innså at hun hadde blitt manipulert, men hun likte utfordringen. Dette var ikke lenger bare en jobb; det var et spill, og Kari hatet å tape.

Med litt taktisk planlegging arrangerte Kari et møte mellom Ingrid og Jonas. Det var i et tomt lagerhus i utkanten av byen. Kari holdt seg i bakgrunnen og lot de to konfrontere hverandre.

Samtalen var intens, full av anklager og avsløringer. Jonas hadde stjålet mer enn penger fra Ingrid – han hadde ødelagt livet hennes. Men Kari visste at ingen av dem var uskyldige.

Politiet ble tilkalt etter at ting eskalerte, og begge ble arrestert – Jonas for sine svindler og Ingrid for falske identiteter og manipulasjon.

Kari, derimot, gikk hjem med en ny forståelse av hvor komplisert verden kunne være. Og en tjukk konvolutt med penger Ingrid hadde betalt henne på forhånd.

Fraud in Stavanger

Stavanger, a city built on oil and wealth, had two sides. On the surface, there were glass facades, luxury cars, and exclusive restaurants. But beneath this shiny surface, there was always something dirty hiding. Kari Eide knew this better than most. As a private investigator, she had seen how money could turn people into both victims and predators.

That morning, she sat in her modest office downtown, staring at a half-full coffee cup when the door opened. A tall woman in an expensive suit walked in, perfumed and determined.

"I need help," she said. "And I pay well."

The client, who introduced herself as Ingrid Johansen, claimed to represent an oil company that had recently been defrauded out of millions of kroner by a man named Jonas Strøm. He had posed as an investment advisor and convinced several of the city's oil elite to invest in a fake drilling platform.

"We need to catch him before he escapes with the money," Ingrid said. "We've heard rumors that he's still in town."

Kari took the case. She was skeptical, as always, but the money Ingrid offered was hard to ignore. Besides, there was something about Ingrid that didn't quite sit right. Kari couldn't put her finger on it, but she decided to keep her eyes open.

Kari started digging into Jonas Strøm's background. She found out that he had been involved in several similar frauds before, from Oslo to Bergen, but he had always managed to escape with the money.

After a few days of surveillance and some discreet pressure from her contacts in the city's underworld, Kari learned that Jonas used to meet potential "investors" at a bar in the Vågen area. Kari donned her best cocktail dress and went there one evening, hoping to find him.

Jonas appeared – a charming, well-dressed man in his forties. Kari pretended to be interested in an investment, and the two shared a few drinks. Jonas was smooth, confident, and dangerously persuasive.

But the conversation took a sharp turn when Jonas suddenly said,

"You're not here to invest, are you? You're working for Ingrid."

Kari remained calm. "What makes you think that?" she replied with a wry smile.

Jonas leaned back in his chair and stared at her. "Because Ingrid isn't who she says she is. If you knew what she was really doing, you wouldn't be here."

Back in her office, Kari started digging into Ingrid Johansen's background. She discovered that Ingrid didn't work for any oil company. In fact, the company she claimed to represent didn't exist.

Kari realized she was caught in a cat-and-mouse game between two fraudsters. Ingrid was trying to use her to find Jonas, but why? Did she want the money back? Or was there something more personal involved?

Kari confronted Ingrid. "Who are you really, and what do you want with Jonas?"

Ingrid smiled coldly. "He stole from me. Not money, but something far more important. And I'm going to make sure he pays for it."

Kari realized she had been manipulated, but she liked the challenge. This was no longer just a job; it was a game, and Kari hated to lose.

With some tactical planning, Kari arranged a meeting between Ingrid and Jonas. It was in an empty warehouse on the outskirts of the city. Kari stayed in the background, letting the two confront each other.

The conversation was intense, full of accusations and revelations. Jonas had stolen more than money from Ingrid – he had ruined her life. But Kari knew neither of them was innocent.

The police were called after things escalated, and both were arrested – Jonas for his frauds and Ingrid for false identities and manipulation.

Kari, on the other hand, went home with a new understanding of how complicated the world could be. And a thick envelope of money Ingrid had paid her in advance.

Dødelige Løgner

I den lille nordnorske bygda Havnesund var det lite som gikk folk hus forbi. Alle visste alt om alle – eller det trodde de i hvert fall. Åse Hovland, bibliotekar og uoffisiell observatør av bygdens liv, hadde alltid hatt en følelse av at sannheten ofte var mer komplisert enn ryktene som svirret rundt.

Biblioteket lå i hjertet av Havnesund, en rødmalt bygning med hvite karmer som luktet av gamle bøker og kaffe. Åse hadde jobbet der i over tjue år. Hun kjente igjen hvert ansikt som kom inn dørene – eller det trodde hun, inntil en dag da hun la merke til noe som skurret.

I sentrum av bygda stod en statue som nylig var blitt avduket til ære for en mann ved navn Gunnar Strand, en lokal helt som hadde bodd i bygda i over femti år. Gunnar var kjent for sitt arbeid med å hjelpe flyktninger som kom til Norge på 1970-tallet, og han hadde vært en forkjemper for miljøet i Nord-Norge.

Men det var noe ved Gunnars historie som ikke stemte for Åse. Hun kunne ikke forklare det, men noe ved mannens smil og den måten han unngikk visse spørsmål på under taler og intervjuer fikk henne til å føle at det var noe mer under overflaten.

En ettermiddag, mens Åse ryddet i en kasse med donerte bøker, fant hun et brev. Det lå klemt mellom sidene i en gammel dagbok fra 1960-tallet. Brevet var skrevet av en kvinne ved navn Anna Larsen, og det inneholdt en advarsel:

"Han er ikke den han utgir seg for å være. Ikke stol på ham."

Brevet nevnte ingen navn, men Åse fikk en ubehagelig følelse. Hun gjenkjente noe i skrivestilen som minnet om en eldre dame i bygda, fru Eriksrud, som hadde vært venn med Gunnar på den tiden brevet var skrevet.

Åse bestemte seg for å grave dypere. Hun besøkte fru Eriksrud, som nå bodde på et sykehjem. Den eldre kvinnen var først motvillig til å snakke, men Åses vennlige, vedvarende spørsmål fikk til slutt henne til å åpne seg.

"Jeg har alltid visst at Gunnar skjulte noe," sa fru Eriksrud med lav stemme. "Han kom hit på 1960-tallet, men ingen vet hvor han egentlig kom fra. Og det var noe ved måten han alltid unngikk spørsmål om fortiden sin..."

Åse begynte å lete i gamle arkiver på biblioteket og fant ut at Gunnar faktisk ikke eksisterte i noen offentlige registre før han kom til Havnesund. Hans navn dukket først opp i en avisartikkel fra 1963, der han ble hyllet som en redningsmann etter en båtulykke.

Videre undersøkelser viste at han hadde brukt et annet navn før han kom til Norge – et navn som var knyttet til en serie kriminelle handlinger i Sverige.

Med informasjonen i hånden bestemte Åse seg for å konfrontere Gunnar. Hun fant ham sittende på en benk ved fjorden, hvor han ofte pleide å mate måker.

"Jeg vet hva du har gjort," sa hun rolig, men bestemt.

Gunnar stivnet til, men prøvde å le det bort. "Hva snakker du om, Åse?"

Hun la frem bevisene hun hadde samlet: brevet, arkivene, de gamle avisutklippene.

Til slutt innrømmet Gunnar sannheten. Han hadde flyktet fra Sverige etter å ha vært involvert i en stor bedragerisak. I Havnesund hadde han sett muligheten til å starte på nytt, og han hadde gjort mye godt for bygda, men løgnene hadde alltid hengt over ham som en skygge.

Åse stod overfor et dilemma. Skulle hun avsløre sannheten og rive ned alt Gunnar hadde bygget opp, eller la ham bli husket som en helt? Hun visste at hvis sannheten kom ut, ville det ødelegge ham – men samtidig kunne hun ikke ignorere det hun visste.

Til slutt bestemte hun seg for å skrive en anonym artikkel som beskrev Gunnars historie, uten å avsløre navnet hans. Hun håpet det ville minne folk om at ingen er perfekte, men at vi alle har muligheten til å gjøre godt, uansett hvor vi kommer fra.

Gunnar trakk seg tilbake fra offentligheten kort tid etterpå. Åse fortsatte å jobbe på biblioteket, og selv om hun aldri fikk svar på alle spørsmålene sine, visste hun at hun hadde gjort det rette. Havnesund var kanskje en liten by, men den rommet store historier – og Åse var fast bestemt på å finne dem.

Deadly Lies

In the small northern Norwegian village of Havnesund, there was little that escaped people's notice. Everyone knew everything about everyone – or at least they thought they did. Åse Hovland, the librarian and unofficial observer of village life, had always felt that the truth was often more complicated than the rumors that swirled around.

The library was in the heart of Havnesund, a red-painted building with white trim that smelled of old books and coffee. Åse had worked there for over twenty years. She recognized every face that walked through the door – or so she thought, until one day when she noticed something that didn't quite add up.

In the center of the village stood a statue recently unveiled in honor of a man named Gunnar Strand, a local hero who had lived in the village for over fifty years. Gunnar was known for his work helping refugees who arrived in Norway in the 1970s, and he had been an advocate for the environment in Northern Norway.

But there was something about Gunnar's story that didn't sit right with Åse. She couldn't explain it, but something in the way the man smiled and the way he avoided certain questions during speeches and interviews made her feel that there was more beneath the surface.

One afternoon, while Åse was sorting through a box of donated books, she found a letter. It was wedged between the pages of an old diary from the 1960s. The letter was written by a woman named Anna Larsen, and it contained a warning:

"He is not who he claims to be. Do not trust him."

The letter did not mention any names, but Åse had an uneasy feeling. She recognized a certain writing style that reminded her of an older woman in the village, Mrs. Eriksrud, who had been friends with Gunnar when the letter was written.

Åse decided to dig deeper. She visited Mrs. Eriksrud, who now lived in a nursing home. The elderly woman was initially reluctant to speak, but Åse's friendly, persistent questioning eventually got her to open up.

"I've always known that Gunnar was hiding something," said Mrs. Eriksrud in a low voice. "He came here in the 1960s, but no one knows where he really came from. And there was something about the way he always avoided questions about his past..."

Åse began searching through old archives at the library and discovered that Gunnar actually didn't appear in any public records before he came to Havnesund. His name first appeared in a newspaper article from 1963, where he was hailed as a hero after a boating accident.

Further investigation showed that he had used another name before he came to Norway – a name linked to a series of criminal activities in Sweden.

With the information in hand, Åse decided to confront Gunnar. She found him sitting on a bench by the fjord, where he often sat feeding seagulls.

"I know what you've done," she said calmly but firmly.

Gunnar stiffened but tried to laugh it off. "What are you talking about, Åse?"

She laid out the evidence she had gathered: the letter, the archives, the old newspaper clippings.

Finally, Gunnar admitted the truth. He had fled Sweden after being involved in a large fraud case. In Havnesund, he had seen an opportunity to start over, and while he had done a lot of good for the village, the lies had always hung over him like a shadow.

Åse faced a dilemma. Should she expose the truth and tear down everything Gunnar had built, or let him be remembered as a hero? She knew that if the truth came out, it would destroy him – but at the same time, she couldn't ignore what she knew.

In the end, she decided to write an anonymous article that told Gunnar's story without revealing his name. She hoped it would remind people that no one is perfect, but we all have the chance to do good, no matter where we come from.

Gunnar withdrew from public life shortly thereafter. Åse continued to work at the library, and though she never got answers to all her questions, she knew she had done the right thing. Havnesund may have been a small village, but it held big stories – and Åse was determined to uncover them.

Kvinnen i Rødt

Trondheim lå dekket av et lett snølag, og lysene fra galleriene på Bakklandet kastet myke refleksjoner på brosteinsgatene. Kunstneren Ingrid Ås hadde aldri følt seg helt hjemme i det glamorøse kunstmiljøet, men denne kvelden var annerledes. Det var åpningen av hennes første store utstilling, og spenningen i rommet var nesten til å ta og føle på.

Midt blant velkledde gjester og summende samtaler fanget Ingrid et glimt av en kvinne kledd i en slående rød kjole. Kvinnen hadde et slående ansikt, med mørke øyne som syntes å se rett gjennom folk. Hun nærmet seg Ingrid med et rolig, men målbevisst smil.

"Din kunst har en urovekkende skjønnhet," sa kvinnen lavt, og studerte ett av Ingrids malerier, en dramatisk skildring av et vinterlandskap.

Ingrid takket, men følte en merkelig uro ved kvinnens nærvær. "Jeg er glad for at du liker det. Hvem skal jeg takke for dette komplimentet?"

Kvinnen svarte ikke direkte, men introduserte seg som Eva. Hun unngikk høflig spørsmål om sitt etternavn eller hvorfor hun var der. Deres korte samtale ble avbrutt av en annen gjest som ønsket å gratulere Ingrid, og da Ingrid snudde seg tilbake, var Eva borte.

Neste morgen våknet Ingrid til kaos. Politiet hadde ringt og ba henne komme til galleriet umiddelbart. Da hun ankom, ble hun møtt av den kjølige inspektør Sivertsen, som informerte henne om at en av maleriene – en sjelden, uvurderlig norsk klassiker – hadde blitt stjålet i løpet av natten.

"Vi har også funnet dette," sa Sivertsen og holdt opp en rød hanske. "Gjenkjenner du det?"

Ingrid ristet på hodet. "Nei, men jeg snakket med en kvinne i rød kjole i går kveld. Kanskje det er hennes?"

Inspektøren hevet et øyenbryn. "Vi trenger å vite alt du kan huske om henne."

Dagene som fulgte var en hvirvelvind av avhør og medieoppmerksomhet. Politiet virket mistenksomt opptatt av Ingrid selv, særlig etter at et vitne hevdet å ha sett henne nær galleriet sent på kvelden. Selv om hun insisterte på sin uskyld, begynte også hennes egne venner å tvile.

"Er du sikker på at denne kvinnen eksisterte?" spurte hennes venn og tidligere mentor, Henrik. "Det kan ha vært stresset som spilte deg et puss."

Men Ingrid visste hva hun hadde sett. Eva hadde vært virkelig – og på en eller annen måte hadde hun med dette tyveriet å gjøre.

Ingrid begynte sin egen etterforskning. Hun besøkte lokale kafeer og kunstmiljøer, i håp om å finne noen som kjente igjen kvinnen i rødt. Til slutt ledet en tilfeldig kommentar fra en galleriansatt henne til en eksklusiv kunsthandler i byen, kjent for å operere i gråsonen mellom lovlige og ulovlige transaksjoner.

Kunsthandleren, en mann med et slitent, værbitt ansikt, nektet først å snakke. Men da Ingrid nevnte Eva, stivnet han.

"Jeg kjenner ikke til noen Eva," mumlet han, men Ingrid kunne se frykten i øynene hans.

Et anonymt tips førte Ingrid til et avsidesliggende lager i utkanten av byen. Hun gikk inn, hjertet hamret i brystet, og fant maleriet – hennes eget vinterlandskap – stablet blant andre stjålne verker.

Men hun var ikke alene.

"Egentlig trodde jeg du ville være smartere," sa Eva og trådte frem fra skyggene, fortsatt iført en rød kjole, men nå med en iskald mine.

Eva innrømmet at hun hadde brukt Ingrid som et lokkemiddel for å avlede oppmerksomheten. "Du var den perfekte syndebukken," sa hun, og smilte. "En kunstner med nerver og en svak forhistorie. Alle ville trodd på det."

Ingrid måtte handle raskt. Ved hjelp av sin telefon, som hun hadde latt stå på opptak, fikk hun dokumentert hele Evas tilståelse. Eva skjønte for sent hva som foregikk, og da politiet stormet inn, hadde Ingrid allerede gjort sin plikt som både kunstner og sannhetssøker.

Saken ble avsluttet, og Ingrid ble frikjent. Eva ble avslørt som en internasjonal kunsttyv, ansvarlig for tyverier over hele Europa.

Ingrid gikk tilbake til sitt atelier, klar for å male igjen. Men denne gangen hadde hun en ny inspirasjon: kvinnen i rødt, som for alltid hadde endret hennes syn på både kunst og mennesker.

52

The Woman in Red

Trondheim was covered by a light layer of snow, and the lights from the galleries on Bakklandet cast soft reflections on the cobblestone streets. The artist Ingrid Ås had never quite felt at home in the glamorous art scene, but this evening was different. It was the opening of her first major exhibition, and the excitement in the room was almost palpable.

Amidst the well-dressed guests and the buzzing conversations, Ingrid caught a glimpse of a woman dressed in a striking red gown. The woman had a striking face, with dark eyes that seemed to see right through people. She approached Ingrid with a calm, but purposeful smile.

"Your art has an unsettling beauty," the woman said softly, studying one of Ingrid's paintings, a dramatic depiction of a winter landscape.

Ingrid thanked her, but felt a strange unease in the woman's presence. "I'm glad you like it. Who should I thank for this compliment?"

The woman did not directly respond but introduced herself as Eva. She politely avoided questions about her last name or why she was there. Their brief conversation was interrupted by another guest who wanted to congratulate Ingrid, and when Ingrid turned back, Eva was gone.

The next morning, Ingrid woke to chaos. The police had called and asked her to come to the gallery immediately. When she arrived, she was met by the cool Inspector Sivertsen, who informed her that one of the paintings—a rare, invaluable Norwegian classic—had been stolen during the night.

"We also found this," Sivertsen said, holding up a red glove. "Do you recognize it?"

Ingrid shook her head. "No, but I spoke to a woman in a red dress last night. Maybe it's hers?"

The inspector raised an eyebrow. "We need to know everything you remember about her."

The following days were a whirlwind of interrogations and media attention. The police seemed suspiciously focused on Ingrid herself, especially after a witness claimed to have seen her near the gallery late in the evening. Though she insisted on her innocence, even her own friends began to doubt her.

"Are you sure this woman even existed?" asked her friend and former mentor, Henrik. "It could have been the stress playing tricks on you."

But Ingrid knew what she had seen. Eva had been real—and somehow, she was involved in this theft.

Ingrid began her own investigation. She visited local cafes and art communities, hoping to find someone who recognized the woman in red. Finally, a casual comment from a gallery employee led her to an exclusive art dealer in town, known for operating in the gray area between legal and illegal transactions.

The art dealer, a man with a tired, weathered face, initially refused to speak. But when Ingrid mentioned Eva, he stiffened.

"I don't know anyone named Eva," he muttered, but Ingrid could see the fear in his eyes.

An anonymous tip led Ingrid to a remote warehouse on the outskirts of town. She entered, her heart pounding, and found the painting—her own winter landscape—stacked among other stolen works.

But she was not alone.

"Actually, I thought you'd be smarter," said Eva, stepping out from the shadows, still wearing the red dress but now with a cold expression.

Eva admitted that she had used Ingrid as a decoy to divert attention. "You were the perfect scapegoat," she said, smiling. "An artist with nerves and a shaky past. Everyone would have believed it."

Ingrid had to act quickly. Using her phone, which she had left on recording, she documented Eva's confession. Eva realized too late what was happening, and by the time the police stormed in, Ingrid had already done her duty as both an artist and a truth-seeker.

The case was closed, and Ingrid was exonerated. Eva was exposed as an international art thief, responsible for thefts across Europe.

Ingrid returned to her studio, ready to paint again. But this time, she had new inspiration: the woman in red, who had forever changed her view on both art and people.

Natten i Narvik

Snøstormen ulte over Narviks iskalde tundra den natten da det skjebnesvangre midnattstoget ankom stasjonen. Togfører Lars Evensen hadde nettopp kontrollert alle vognene da han fant noe han aldri kunne ha forberedt seg på: en død mann i første klasse.

Kroppen tilhørte den kjente politikeren Erik Stordal, en frittalende og omstridt skikkelse i norsk politikk. Han satt rett opp og ned i en luksuriøs kabin, med en tom flaske vin ved siden av seg og en liten, nesten usynlig flekk av blod på skjorten. Lars nølte et øyeblikk før han tilkalte politiet.

Da etterforsker Henrik Klem ankom toget, var situasjonen allerede kaotisk. Stordal hadde vært på vei til en viktig konferanse i Tromsø, og nyheten om hans død spredte seg som ild i tørt gress. Klem, en erfaren og metodisk etterforsker, visste at hver time som gikk, økte risikoen for at bevis skulle gå tapt – spesielt med den voldsomme stormen som truet med å stenge hele regionen.

Klem begynte straks å avhøre de få passasjerene som fortsatt befant seg på toget. Toget hadde stoppet på flere små stasjoner før Narvik, og det var uklart når mordet hadde funnet sted.

Fru Andersen, en eldre dame på vei til Kiruna, insisterte på at hun ikke hadde sett eller hørt noe mistenkelig.

Martin Solberg, en yngre forretningsmann, virket nervøs og unnvikende.

Katrine Vang, en journalist som jobbet for en stor nasjonalavis, var mer interessert i å stille spørsmål enn å svare på dem.

Bevisene var få. Et glass vin inneholdt fingeravtrykk, men det var uklart om det var Stordals egne. Togets sikkerhetskameraer hadde vært ute av drift, og snøstormen hadde allerede slettet alle spor utenfor toget.

Klem oppdaget raskt at dette ikke var et enkelt mord. Stordal hadde vært en kontroversiell skikkelse, kjent for å avsløre korrupsjon på høyt nivå og for sin harde kritikk av oljeindustrien. Listen over mulige fiender var lang.

Et gjennombrudd kom da Klem fant en konvolutt i Stordals koffert. Innholdet var kodede dokumenter og et minnekort. Det tok tid å dekryptere filene, men de viste seg å inneholde bevis på at en av Norges største oljeselskaper var involvert i omfattende ulovligheter.

Med blizzardens kraft voksende, visste Klem at han måtte løse saken før toget ble sittende fast og alle bevis ble ubrukelige. Han fokuserte på de tre passasjerene han hadde avhørt. Noe med Martins oppførsel hadde virket mistenkelig.

Et raskt søk i Martins bagasje avslørte en håndskrevet lapp som sa: "Stordal må stoppes. Toget kl. 23.50."

Klem konfronterte Martin, som først nektet for alt. Men under press innrømmet han å ha vært tilknyttet selskapet Stordal hadde avslørt. Martin hadde blitt tvunget til å handle av frykt for sitt eget liv. Men han insisterte på at han ikke hadde drept Stordal – han hevdet at Stordal allerede var død da han kom til kabinen.

Klem begynte å mistenke en annen morder. Katrine Vang, journalisten, hadde hatt rikelig med tid til å komme seg inn og ut av kabinen. Videre viste det seg at hun hadde forbindelser til politiske kretser som ville tjene på Stordals død.

Med snøstormen som nådde sitt høydepunkt, grep Klem initiativet. Han samlet passasjerene i en dramatisk konfrontasjon i togets spisevogn. Katrine brøt til slutt sammen under presset og tilsto. Hun hadde mottatt en stor sum penger for å sørge for at Stordals avsløringer aldri nådde offentligheten.

Klem hadde løst saken, men ikke uten omkostninger. Stormen gjorde det umulig å transportere Katrine til politistasjonen med en gang, og Klem måtte vente i flere timer før hjelp kunne komme.

Da snøstormen endelig roet seg, og toget kunne fortsette sin ferd, var saken formelt avsluttet. Men Klem visste at dette bare var begynnelsen. Dokumentene Stordal hadde etterlatt seg, ville skape rystelser i det politiske landskapet i lang tid fremover.

In Narvik, under det iskalde nordlyset, hadde sannheten funnet sin vei ut – selv i den mørkeste natten.

The Night in Narvik

The snowstorm howled over Narvik's icy tundra that night when the fateful midnight train arrived at the station. Conductor Lars Evensen had just checked all the carriages when he found something he could never have prepared for: a dead man in first class.

The body belonged to the well-known politician Erik Stordal, a outspoken and controversial figure in Norwegian politics. He was sitting upright in a luxurious cabin, with an empty bottle of wine next to him and a small, almost invisible bloodstain on his shirt. Lars hesitated for a moment before calling the police.

When investigator Henrik Klem arrived at the train, the situation was already chaotic. Stordal had been on his way to an important conference in Tromsø, and the news of his death spread like wildfire. Klem, an experienced and methodical investigator, knew that with every passing hour, the risk of losing evidence increased – especially with the violent storm threatening to isolate the entire region.

Klem immediately began questioning the few passengers who were still on the train. The train had stopped at several small stations before Narvik, and it was unclear when the murder had occurred.

Mrs. Andersen, an elderly woman on her way to Kiruna, insisted that she had seen or heard nothing suspicious.

Martin Solberg, a younger businessman, seemed nervous and evasive.

Katrine Vang, a journalist working for a major national newspaper, was more interested in asking questions than answering them.

The evidence was scarce. A wine glass contained fingerprints, but it was unclear whether they belonged to Stordal. The train's security cameras had been out of service, and the snowstorm had already erased any traces outside the train.

Klem quickly discovered that this was not an ordinary murder. Stordal had been a controversial figure, known for exposing corruption at high levels and his harsh criticism of the oil industry. The list of potential enemies was long.

A breakthrough came when Klem found an envelope in Stordal's suitcase. Inside were coded documents and a memory card. It took time to decrypt the files, but they turned out to contain evidence that one of Norway's largest oil companies was involved in widespread illegal activities.

With the blizzard growing stronger, Klem knew he had to solve the case before the train got stuck and all the evidence became useless. He focused on the three passengers he had interrogated. Something about Martin's behavior seemed suspicious.

A quick search of Martin's luggage revealed a handwritten note that read: "Stordal must be stopped. Train 11:50 PM."

Klem confronted Martin, who initially denied everything. But under pressure, he admitted to being connected to the company

Stordal had exposed. Martin had been forced to act out of fear for his own life. But he insisted that he had not killed Stordal – he claimed Stordal was already dead when he entered the cabin.

Klem began to suspect another killer. Katrine Vang, the journalist, had had plenty of time to get in and out of the cabin. Furthermore, it turned out she had connections to political circles that would benefit from Stordal's death.

With the snowstorm reaching its peak, Klem took the initiative. He gathered the passengers for a dramatic confrontation in the train's dining car. Katrine eventually broke down under the pressure and confessed. She had received a large sum of money to ensure that Stordal's revelations never reached the public.

Klem had solved the case, but not without cost. The storm made it impossible to transport Katrine to the police station immediately, and Klem had to wait for several hours before help could arrive.

When the snowstorm finally calmed and the train was able to continue its journey, the case was officially closed. But Klem knew this was just the beginning. The documents Stordal had left behind would send shockwaves through the political landscape for years to come.

In Narvik, beneath the icy northern lights, the truth had found its way out – even in the darkest of nights.